Winterliche Faltideen

Was gibt es Gemütlicheres zur Winterzeit als Weihnachtsplätzchen zu backen? Natürlich Weihnachtsplätzchen zu mampfen und dabei mit der ganzen Familie bunte, fröhliche Figuren zu basteln. Und das geht ganz einfach mit Fächern aus Papier und Alufolie oder mit Hexentreppen aus Tonpapierstreifen. Letztere erhalten Sie im Fachhandel bereits fertig zugeschnitten unter der Bezeichnung „Flechtstreifen". Hier finden Sie jede Menge Faltideen für Figuren, die richtige Weihnachtsstimmung ins Haus bringen: Engel, Schneemänner und Eisbären, die sich über den Winter freuen, Weihnachtsmänner und Rentiere, die auf ihren Einsatz warten und vieles mehr.

Eine schöne Winterzeit und viel Spaß beim Falten und Dekorieren wünscht Ihnen

Die Motive lassen sich in folgende Schwierigkeitsgrade unterteilen:

● ○ ○ einfach ● ● ○ etwas schwieriger ● ● ● anspruchsvoll

IHRE GRUNDAUSSTATTUNG

Diese Materialien und Werkzeuge werden häufig verwendet. Sie sollten sie zur Hand haben, denn sie werden in den Materiallisten nicht gesondert aufgeführt.

- Transparentpapier, dünner Karton (für Schablonen)
- Bleistift
- Geo-Dreieck
- Schere
- evtl. Cutter mit geeigneter Schneideunterlage
- Seitenschneider (zum Kürzen von Draht)
- Buntstift in Rot
- feiner Filzstift in Schwarz
- Alleskleber, z. B. UHU
- Vorstechnadel
- Lochzange
- Messer
- Hammer (zum Halbieren von Holzperlen)

Hinweis: Mit „Rest" ist immer ein Stück gemeint, das maximal A5 groß ist.

So wird's gemacht

Hexentreppen

Die Enden von zwei gleich langen und gleich breiten Papierstreifen rechtwinklig aufeinander kleben. Den unteren (auf dem Beispielfoto weißen) Streifen über den oberen, roten Streifen falten. Den roten Streifen wiederum über den weißen falten und immer so fortfahren, bis die Hexentreppe die gewünschte Länge erreicht hat. Als Orientierungshilfe für die Länge der Treppe werden die Zacken auf der linken und auf der rechten Seite gezählt. Die Streifen in der Materialliste sind etwas länger angegeben, um eventuelle kleine Abweichungen beim Falten auszugleichen. Die überstehenden Streifenenden werden dann einfach abgeschnitten. Damit sich die Hexentreppe nicht löst, wird je nach Motiv der letzte oder der vorletzte Faltabschnitt angeklebt.

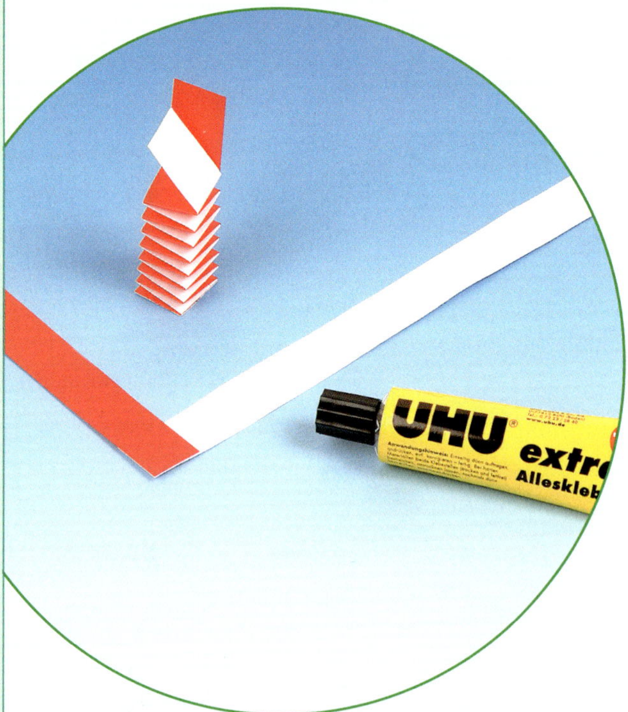

Fächer

Hierzu ein Papierrechteck immer im Abstand von 1 cm abwechselnd nach vorne bzw. nach hinten falten. Die erste Faltlinie mit Bleistift und Geo-Dreieck leicht vorzeichnen und dann das Papier zum ersten Mal falten. Das Papier umdrehen und das zweite Mal falten etc.

Tipp: Vor allem bei dickeren Papieren ist es für ein exaktes Falten hilfreich, wenn Sie die Faltlinien vorher leicht mit Cutter und Geo-Dreieck anritzen.

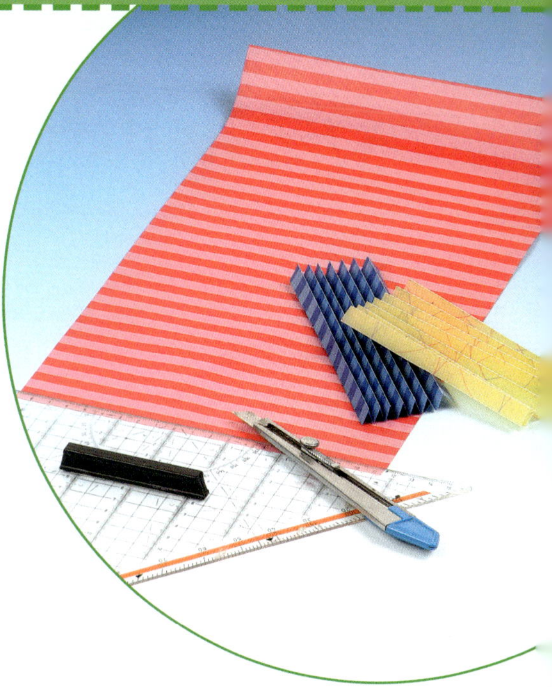

Schablonen für Motive

Das Motiv vom Vorlagenbogen mit Bleistift auf Transparentpapier übertragen. Das Transparentpapier auf Karton kleben und die Umrisse ausschneiden. Mit der so entstandenen Kartonschablone kann man ein Motiv beliebig oft auf Fotokarton oder andere Papiere übertragen, ausschneiden und mit Hexentreppen und Fächern kombinieren.

Schablonen für Langhaarplüsch

Die Schablonen für den Plüsch beziehen sich nur auf das Gewebe auf der Plüschrückseite, nicht auf die Haarlänge. Beim Auflegen der Kartonschablone auf die Plüschrückseite den Verlauf des Haars beachten (siehe Pfeil-Markierung auf dem Vorlagenbogen). Beim Schneiden die Scherenspitze vorsichtig unter den Haaren durchschieben. Die Haare erst nach dem Aufkleben auf das Motiv kürzen bzw. frisieren.

Halbieren von Holzperlen

Die Holzperle auf eine geeignete Schneideunterlage legen. Das Messer auf das Bohrloch der Perle aufsetzen und diese mit einem leichten Hammerschlag auf die Messerklinge spalten.

Weihnachtsmänner-Trio

→ verteilen ihre Geschenke beidhändig

MOTIVHÖHE
ca. 15 cm

MATERIAL PRO WEIHNACHTSMANN
- Tonpapier in Rot, A4
- Fotokarton- oder Tonpapierrest in Hautfarbe
- Pompon in Rot, ø 7 mm
- Pompon in Weiß, ø 1 cm
- Langhaarplüschrest in Weiß
- Rundholzstäbchen, ø 3 mm, 25 cm lang
- Acrylfarbe in Rot
- 2 Wackelaugen, ø 5 mm
- evtl. Pinzette
- Lochzange

VORLAGENBOGEN 1A

1 Mütze, Ärmel und Rumpf sind drei separate Teile, die alle zu Fächern gefaltet werden. Jedes der drei Teile in gefaltetem Zustand in der Mitte mit der Lochzange lochen. Die gelochten Teile auf das rot bemalte Rundholzstäbchen aufstecken.

2 Den Kopf aus Karton ausschneiden, den Vollbart ankleben und dann den Bart kürzen (der Pfeil markiert den Haarverlauf des Plüschs). Die rote Pomponnase und die Wackelaugen ankleben (am besten mit einer Pinzette aufnehmen, mit Klebstoff bestreichen und fest andrücken). Die Stirnhaare zuerst ankleben und dann kürzen. Den Kopf auf Mütze und Ärmel kleben. An den Ärmeln von hinten die beiden Hände befestigen und den weißen Mützenpompon ergänzen.

Tipp: Die Weihnachtsmänner sind eine gern gesehene Zugabe zu einem Nikolausgeschenk.

Nacht- und Goldsterne

→ leuchten um die Wette

MOTIVDURCHMESSER
Nachtsterne ca. 12 bis 16 cm
Goldsterne ca. 20 cm bis 25 cm

MATERIAL PRO NACHTSTERN
- Alufolienrest in Hellblau mit Sternchen
- Malglitter in Silber
- Silberdraht, ø 0,35 mm, 10 cm lang

PRO GOLDSTERN
- Alufolienrest in Gold mit Sternchen
- Golddraht, ø 0,35 mm, 10 cm lang

VORLAGENBOGEN 1A

Nachtsterne

1 Auf dem Vorlagenbogen ist exemplarisch eine 7 cm breite Schablone abgebildet, die man für die anderen beiden Sterne nur um 1 cm in der Breite verkleinern bzw. vergrößern muss. Die Folie nach Schablone zuschneiden und 17-mal zu einem Fächer falten. Den zusammengefalteten Fächer in der Mitte mit der Vorstechnadel zweimal durchstechen. Durch die beiden Löcher den Silberdraht ziehen, die Enden dicht am Fächer viermal miteinander verdrehen und mit dem Seitenschneider kürzen (siehe Vorlagenbogen Abb. 1).

2 Die Schablone für die Mittelzacken auf den Fächer legen und nachzeichnen. Mit einem Cutter die Dreiecke ausschneiden und die Fächerenden schräg abschneiden (Abb. 2). Bei dem geöffneten Stern fallen dann die Spitzen und Einschnitte gleichmäßig und symmetrisch aus.

3 Die beiden Fächerenden nach oben zu einem halben Stern entfalten und zusammenkleben (Abb. 3 und 4). Die andere Sternhälfte nach unten entfalten und zusammenkleben. Die Faltkanten und die Sternmitte mit Malglitter bestreichen.

Goldsterne

Abbildung auch auf Seite 1.

1 Die Goldsterne werden genauso angefertigt wie die Nachtsterne in Hellblau und Silber (siehe Seite 7), aber ohne Einschnitte – nur die Sternspitzen werden separat gestaltet.

2 Die Sternspitzen nach Vorlage ausschneiden, mittig falten und auf jede zweite bzw. vierte Sternfalte kleben. Die Enden vor dem Aufkleben entweder spitz zuschneiden oder einkerben.

Verschneite Tannenbäume

→ bringen weiße Weihnachten mit

1 Die drei Baumteile nach Vorlage ausschneiden und siebenmal falten. Den längsten Fächer in der Mitte zweimal mit der Vorstechnadel durchstechen und den Silberdraht durchstecken. Die Fächerenden nach unten öffnen und miteinander verkleben (siehe Vorlagenbogen Abb. 1).

2 Den Fächer für das mittlere Baumteil, der in der Mitte ebenfalls zweimal durchstochen wird, auffädeln, nach unten öffnen und so zusammenkleben, dass die beiden Drähte nicht mehr sichtbar sind (Abb. 2).

3 Den kürzesten Fächer als Baumspitze auffädeln, ebenfalls nach unten aufklappen und zusammenkleben (Abb. 3).

4 Das fertige Bäumchen mit Silbersternchen und Malglitter verzieren. Auch die Silbersternchen evtl. mit Malglitter übermalen.

MOTIVHÖHE
ca. 11 cm

MATERIAL PRO TANNENBAUM

- Maulbeerbaumpapierrest in Weiß
- Silberdraht, ø 0,35 mm, 50 cm lang
- 11 bis 13 Sternchen in Silber, ø 1 cm
- Sternchen in Silber, ø 1,8 cm
- Malglitter in Silber

VORLAGENBOGEN 1B

Engel mit Silberhaar

→ singen mit Engelszungen

MOTIVHÖHE
ca. 11 cm

MATERIAL PRO ENGEL

- Transparentpapierrest in Rot oder Blau gestreift
- Strohseidenrest in Weiß (Flügel) und Blau oder Rot (Kragen)
- Mobilefolienrest (Flügel)
- Flower Hair in Silber
- Silberdraht, ø 0,35 mm, 50 cm lang
- Holzperle, ø 2 cm
- Acrylfarbe in Hautfarbe
- Buntstift in Rot (Mund und Wangen)
- feiner Filzstift in Schwarz (Nase und Augen)
- Glitter Glue in Silber
- evtl. Zackenschere (Kragen)

VORLAGENBOGEN 1B

1 Für das Kleid das Transparentpapier 13-mal falten – ein Pfeil auf dem Vorlagenbogen markiert den Streifenverlauf. Den Ärmelfächer aus Transparentpapier fünfmal falten.

2 Den Kleiderfächer an der markierten Stelle mit der Vorstechnadel durchstechen und den Silberdraht zur Hälfte durchziehen. Den Ärmelfächer in der Mitte zweimal durchstechen und die beiden Drahtenden durchziehen. Die Ärmel nach unten klappen.

3 Den Kragen aus Strohseide zackig ausschneiden. In die Kragenmitte ein Loch stechen und die Drahtenden durchziehen.

4 Auf die hautfarben bemalte Holzperle das Gesicht aufmalen. Die Drahtenden durch den Kopf ziehen. Oben auf dem Kopf zwischen die beiden Drahtenden ein Büschel Flower Hair legen und die Drahtenden so miteinander verdrehen, dass das Haarbüschel fest auf dem Kopf aufliegt.

5 Für die Flügel eine Kartonschablone anfertigen (siehe Seite 2) und den Umriss auf die weiße Strohseide übertragen. Die Flügel zur Stabilisierung mit dem Klebestift zuerst auf die Mobilefolie kleben, dann ausschneiden und am Engel ankleben.

6 Das Kleid und die Flügel mit Glitter Glue verzieren.

MOTIVHÖHE
ca. 12 cm

MATERIAL PRO RENTIER

- Tonpapierrest in Grau
- 2 Tonpapierstreifen, je 2 cm breit, 35 cm lang (8 Zacken)
- Fotokartonrest in Hautfarbe (Geweih) und ggf. Blau
- Holzperle in Rot oder Schwarz, ø 8 mm (Nase)
- 4 Holzperlen in Natur, ø 1 cm
- Langhaarplüsch in Weiß
- feiner Filzstift in Schwarz
- ggf. Lackstift in Weiß
- Papierdraht in Weiß oder Natur (mit grauer Acrylfarbe übermalen), 12 cm (Vorderbeine) und 14 cm lang (Hinterbeine)
- Acrylfarbe in Grau
- geglühter Blumendraht, ø 0,65 mm, 15 cm lang
- 5 Klebepads, je 5 mm x 5 mm
- ggf. Glöckchen in Weiß
- ggf. Baumwollfaden in Rot, ø 1 mm, 20 cm lang

VORLAGENBOGEN 2A

Rentiere

→ bekommen bald viel Auslauf

1 Alle Teile nach Vorlage ausschneiden. Auf das runde Schnauzenteil die halbierte Holzperle (siehe Seite 3) kleben. Das Schnauzenteil mit zwei Klebepads am Kopf befestigen. Mit einem feinen schwarzen Filzstift die Augen und die Ohrlinien aufmalen. Von hinten das Geweih anbringen. Den Plüschstreifen ausschneiden (siehe Seite 3), zu einem U biegen und von hinten so am Kopf ankleben, dass die Haare seitlich und nach unten abstehen. Zusätzlich ein kleines Plüschstück (ca. 1 cm x 5 mm) auf die Stirn kleben. Die Plüschhaare auf ca. 2 cm kürzen.

2 Aus den beiden Tonpapierstreifen eine Hexentreppe mit acht Zacken falten (siehe Seite 2). Den kürzeren Papierdraht als Vorderbeine aufkleben. Das Halsteil aus Tonpapier an der gestrichelten Linie falten. Die gepunktete Fläche auf das obere Ende der Hexentreppe und den Papierdraht kleben. Ans andere Ende der Hexentreppe den längeren Papierdraht als Hinterbeine ankleben. Zur Stabilisierung den Papierdraht dort noch mit einem grauen Papierquadrat (ca. 2 cm x 2 cm) überkleben. Auf die Beinenden jeweils eine Holzperle kleben.

3 Die Hexentreppe der Länge nach in der Mitte mit der Vorstechnadel lochen und den Draht durchstecken. An den beiden Drahtenden jeweils eine kleine Öse biegen und rechtwinklig umbiegen. Den restlichen Draht abschneiden. Am nach oben umgeklappten Hals den Kopf mit drei Klebepads befestigen.

4 Nach Belieben Schilder gestalten und den Rentieren in die Hufe kleben. Auch ein umgehängtes Glöckchen sieht sehr hübsch aus.

SCHÖNE WINTER-ZEIT
LEISE RIESELT DER SCHNEE

Hängende Schneemänner

→ lustige Gesellen

MOTIVHÖHE
ca. 9 cm

MATERIAL PRO SCHNEEMANN

- 2 Tonpapierstreifen in Weiß, je 2 cm breit, 35 cm lang (8 Zacken)
- Holzperle in Natur, ø 2 cm (Kopf), und Rot, ø 6 mm (Nase)
- Acrylfarbe in Weiß (Kopf)
- feiner Filzstift in Schwarz (Gesichtslinien)
- Buntstift in Rot (Wangen)

ZUSÄTZLICH PRO SCHNEEMANN MIT ZYLINDER

- Abaca- oder Grasfaserrest in Gelb oder Braun (Haare)
- Maulbeerbaumpapierrest in Rot oder Blau (Kragen)
- Zylinder, ø 3 cm

PRO SCHNEEMANN MIT MÜTZE

- Chenilledraht in Grün, ø 8 mm, 2 x 9 cm lang (Hals und Schal) und Rot, 14 cm lang (Mützenspirale), oder in Blau, ø 8 mm, 12 cm lang (Schal) und Gelb, 9 cm (Hals) und 14 cm lang (Mützenspirale)

VORLAGENBOGEN 2A

1 Den Kopf weiß bemalen, die Nase aus der halbierten Holzperle (siehe Seite 3) aufkleben und das Gesicht mit schwarzem Filzstift und rotem Buntstift aufmalen.

2 Bei den Schneemännern mit Zylinder 2 cm lange Fasern als Haare auf den Kopf kleben und den Zylinder aufsetzen. Den Kopf auf einen mit der Zackenschere ausgeschnittenen Kragen kleben.

3 Bei den Schneemännern mit Mütze zuerst den 9 cm langen Chenilledraht für den Hals genau in der Mitte umknicken und so durch den Kopf stecken, dass die beiden Drahtenden unten 1 cm überstehen (siehe Vorlagenbogen). Um den so entstandenen Hals den 9 cm langen grünen bzw. 12 cm langen blauen Chenilledraht-Schal schlingen. Das Ende des oben aus dem Kopf ragenden Chenilledrahtes ist die Mützenspitze. Für die Mütze den roten bzw. gelben Chenilledraht wie ein Stirnband rund um den Kopf kleben und dann als immer enger werdende Spirale zur Mützenspitze hin drehen.

4 Aus den Papierstreifen wie auf Seite 2 beschrieben eine Hexentreppe mit acht Zacken falten. Den Chenilledrahthals auf die Hexentreppe kleben.

Tipp: Ziehen Sie wie abgebildet einen Faden durch die Kopfbedeckung. So können Sie die Schneemänner am Weihnachtsbaum oder an Tannenzweigen aufhängen.

Rothaar-Engel

→ freuen sich auf Weihnachten

MOTIVHÖHE
ca. 12 cm

MATERIAL PRO ENGEL

- 4 Maulbeerbaumpapierstreifen in Dunkelrot, je 1 cm breit, 12 cm lang (Arme, 4 Zacken)
- 2 Maulbeerbaumpapierstreifen in Dunkelrot, je 2 cm breit, 30 cm lang (Rumpf, 7 Zacken)
- Maulbeerbaumpapierrest in Weiß (Flügel)
- Holzperle in Natur, ø 2 cm
- Acrylfarbe in Hautfarbe
- Glitter Glue in Gold
- Bleistift; Buntstift in Rot (Gesichtslinien)
- Perlgarn in Dunkelrot, 20 x 8 cm lang
- Baumwollkordel in Schwarz, ø 1 mm, 50 cm lang
- geglühter Blumendraht, ø 0,35 mm, 10 cm lang (Befestigung der Haare)

VORLAGENBOGEN 2A

1 Die Holzperle hautfarben bemalen und das Gesicht aufzeichnen.

2 Aus den beiden breiteren Papierstreifen den Rumpf zu einer Hexentreppe mit sieben Zacken falten (siehe Seite 2). Bevor der letzte Faltabschnitt angeklebt wird, diesen Faltabschnitt zweimal in der Mitte durchstechen (Abstand der Löcher ca. 5 mm). Durch diese Löcher den schwarzen Aufhängefaden ziehen. Den Faltabschnitt ankleben und den Aufhängefaden von unten durch den Kopf ziehen.

3 Aus jeweils zwei schmaleren Papierstreifen zwei Hexentreppen mit je vier Zacken für die Arme falten. Bei dieser Hexentreppe weder den Anfang noch das Ende ankleben! Den Anfangsfaltabschnitt der Hexentreppe für den Arm als Schulter an die Rumpfhexentreppe kleben. Nach vier Armzacken die letzten Faltabschnitte so zusammenkleben, dass ein Faltabschnitt als Hand absteht. Diesen Faltabschnitt mit der Schere abrunden.

4 Das Haarbüschel in der Mitte mit dem Draht zusammenfassen und mit dem Draht 1,5 cm in den Kopf hineinziehen. Das Haarbüschel lässt sich schwer ins Loch ziehen, also je nach Garn einige Fäden mehr oder weniger als angegeben verwenden. Gleichzeitig in entgegengesetzter Richtung den Aufhängefaden anziehen. Die unten überstehenden Drahtenden mit dem Seitenschneider kürzen.

5 Die Falten am Körper und die Flügel mit Glitter Glue verzieren. Abschließend die Flügel ankleben.

TOPP

Die NEUEN zum Fest

Weihnachts-Neuerscheinungen 2005

ISBN 3-7724-3415-0
TOPP 3415 / € (D) 8,90

ISBN 3-7724-3416-9
TOPP 3416 / € (D) 7,50

ISBN 3-7724-3417-7
TOPP 3417 / € (D) 7,50

ISBN 3-7724-3418-5
TOPP 3418 / € (D) 9,90

ISBN 3-7724-3419-3
TOPP 3419 / € (D) 7,50

ISBN 3-7724-3420-7
TOPP 3420 / € (D) 7,50

ISBN 3-7724-3421-5
TOPP 3421 / € (D) 7,50

ISBN 3-7724-3422-3
TOPP 3422 / € (D) 7,50

ISBN 3-7724-3423-1
TOPP 3423 / € (D) 7,50

ISBN 3-7724-3424-X
TOPP 3424 / € (D) 7,50

ISBN 3-7724-3425-8
TOPP 3425 / € (D) 7,50

ISBN 3-7724-3426-6
TOPP 3426 / € (D) 7,50

TOPP

Frohe Weihnachten

Dieser Stickerbogen ist eine Sonderedition im Jubiläumsjahr für Ihre Weihnachtspost mit Motiven aus den TOPP-Weihnachts-neuerscheinungen.

aus TOPP 3412

aus TOPP 3420

aus TOPP 3409

aus TOPP 3421

aus TOPP 3409

aus TOPP 3410

aus TOPP 3410

aus TOPP 3421

aus TOPP 5235

aus TOPP 3425

aus TOPP 3422

TOPP

Frohe Weihnachten

Dieser Stickerbogen ist eine Sonderedition im Jubiläumsjahr für Ihre Weihnachtspost mit Motiven aus den TOPP-Weihnachtsneuerscheinungen.

aus TOPP 3416

aus TOPP 3414

aus TOPP 3424

aus TOPP 3410

aus TOPP 5235

aus TOPP 3420

aus TOPP 3431

aus TOPP 5234

aus TOPP 5231

aus TOPP 5232

aus TOPP 3423

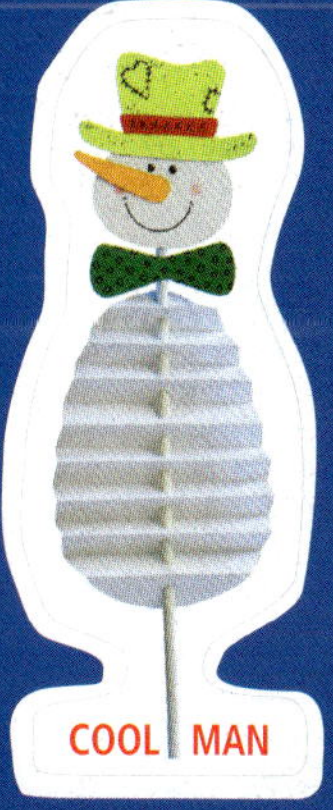

aus TOPP 3414

TOPP

Die NEUEN zum Fest

Weihnachts-Neuerscheinungen 2005

ISBN 3-7724-5234-5
TOPP 5234 / € (D) 12,90

ISBN 3-7724-5235-3
TOPP 5235 / € (D) 12,90

ISBN 3-7724-5236-3
TOPP 5236 / € (D) 12,90

ISBN 3-7724-5231-0
TOPP 5231 / € (D) 12,90

ISBN 3-7724-5232-9
TOPP 5232 / € (D) 9,90

ISBN 3-7724-5233-7
TOPP 5233 / € (D) 12,90

ISBN 3-7724-3409-6
TOPP 3409 / € (D) 7,50

ISBN 3-7724-3410-X
TOPP 3410 / € (D) 6,90

ISBN 3-7724-3411-8
TOPP 3411 / € (D) 6,90

ISBN 3-7724-3412-6
TOPP 3412 / € (D) 7,50

ISBN 3-7724-3413-4
TOPP 3413 / € (D) 7,50

ISBN 3-7724-3414-2
TOPP 3414 / € (D) 7,50

Gesellige Schneemänner

→ schmelzen garantiert nicht

1 Den Rumpf aus Tonpapier nach Vorlage zuschneiden und zum Fächer zusammenfalten. In der Mitte mit der Lochzange lochen.

2 Das Holzstäbchen weiß bemalen. Den zusammengefalteten Rumpf aufstecken und dann entfalten.

3 Kopf, Hut und Fliege aus Fotokarton ausschneiden, verzieren, zusammenkleben und auf das obere Stäbchenende aufkleben.

MOTIVHÖHE
ca. 12 cm

MATERIAL PRO SCHNEEMANN

- Tonpapierrest in Weiß
- Fotokartonreste in Weiß, Orange, Rot, Blau, Grün, Schwarz und Gelb
- feiner Filzstift oder Plusterstift in Schwarz
- Buntstift in Rot
- Rundholzstäbchen, ø 3 mm, 25 cm lang
- Acrylfarbe in Weiß
- Lochzange

VORLAGENBOGEN 2A

Drei Engel für Rudi

→ fliegen fröhlich durch die Gegend

MOTIVHÖHE
ca. 12 cm

MATERIAL PRO ENGEL

- Transparentpapierrest in Gelb oder Rot mit Kreismuster
- Fotokartonrest in Weiß (Flügel)
- Silberdraht, ø 0,35 mm, 50 cm lang
- Holzperle in Natur, ø 2 cm
- 2 Holzperlen in Natur, ø 1,2 cm
- Acrylfarbe in Hautfarbe
- Bleistift; Buntstift in Rot (Gesicht)
- Baumwollkordel in Weiß, ø 2 mm, 20 cm lang (Arme)
- Wolle in Weiß, ø 2 mm, 20 x 8 cm lang

VORLAGENBOGEN 2B

1 Das Transparentpapier nach Vorlage zuschneiden und 13-mal im Zickzack zum Fächer falten. Das gefaltete Papier an der markierten Stelle mit der Lochzange lochen. Durch dieses Loch den Draht und die Kordel ziehen. Die Holzperlen als Hände anknoten.

2 Das Kragenteil aus Transparentpapier zuschneiden und fünfmal im Zickzack zum Fächer falten. Die Ecken des Kragens ggf. schräg abschneiden. In der Mitte mit der Vorstechnadel zweimal lochen. Die beiden Drahtenden vom Kleid durch die beiden Löcher im Kragen ziehen (siehe Vorlagenbogen).

3 Die Drahtenden durch den hautfarben bemalten und mit einem Gesicht versehenen Kopf ziehen. Zwischen die Drahtenden das 8 cm lange Haarbüschel legen, dann die Drahtenden so miteinander verdrehen, dass die Haare straff über dem Bohrloch des Perlenkopfs anliegen. Den überstehenden Draht als Aufhänger verwenden.

Glockenspiel

→ schöner die Glocken nie klingen...

MOTIVHÖHE
ca. 5 cm

MATERIAL PRO GLOCKE

- Maulbeerbaumpapierrest in Weiß oder Rot
- Holzperle in Natur, ø 1 cm
- Acrylfarbe in Gold
- Glitter Glue in Gold
- Golddraht, ø 0,35 mm, 50 cm lang

VORLAGENBOGEN 2A

1 Die Glocke nach Vorlage ausschneiden und im Abstand von jeweils 1 cm zum Fächer zusammenfalten. In der Mitte an den markierten Stellen mit der Vorstechnadel durchstechen.

2 Die mit Acrylfarbe bemalte Holzperle bis in die Drahtmitte auffädeln. Die beiden Drahtenden direkt an der Perle zweimal miteinander verdrehen, dann beide Drahtenden durch die beiden Löcher der noch zusammengefalteten Glocke stecken.

3 Die Glocke entfalten und mit Glitter Glue verzieren. Nach dem Trocknen die Glocke wieder etwas zusammenschieben.

Tipp: Arbeiten Sie unbedingt mehrere Glocken und hängen Sie sie dekorativ nebeneinander. So kommen sie am besten zur Geltung.

Eisbären

→ wo geht's hier zum Polarkreis?

MOTIVHÖHE
ca. 8 cm

MATERIAL PRO EISBÄR

- 2 Tonpapierstreifen in Weiß, je 2 cm bzw. 2,5 cm breit, 40 cm lang (8 Zacken) (stehende Bären)
- 2 Tonpapierstreifen in Weiß, je 2 cm breit, 26 cm lang (6 Zacken) (sitzender Bär)
- Fotokartonrest in Weiß (Kopf und ggf. Schild) und ggf. Blau (Schild)
- feiner Filzstift in Schwarz
- ggf. Lackstift in Weiß oder Blau
- 4 Holzperlen in Weiß, ø 1,2 cm
- Dekokordel in Weiß, ø 2 mm, 2 x 10 cm lang (sitzender Bär)
- Papierdraht in Weiß, ø 2 mm, 2 x 8 cm lang
- 5 Klebepads, je 5 mm x 5 mm

VORLAGENBOGEN 2A

1 Kopf- und Halsteile nach Vorlage ausschneiden, Mund und Nase auf das runde Schnauzenteil malen. Die Schnauze mit einem Klebepad am Kopf befestigen. Die Augen und die Ohrlinien mit schwarzem Filzstift aufmalen.

2 Für den stehenden Bären mit den beiden verschieden breiten Papierstreifen eine Hexentreppe mit acht Zacken falten (siehe Seite 2). Die beiden Papierdrahtstücke jeweils zu einem U biegen und als Beine zwischen die beiden ersten und die beiden letzten Zacken der Hexentreppe kleben. Auf die Drahtenden jeweils eine weiße Holzperle kleben. Die überstehenden Drahtenden abschneiden.

3 Vorne am Rumpf das an der gestrichelten Linie geknickte Halsteil so ankleben, dass die gepunktete Fläche den ersten Faltabschnitt der Hexentreppe verdeckt. An dem oben überstehenden Quadrat den Kopf mit vier Klebepads befestigen.

4 Für den sitzenden Bären aus den beiden Papierstreifen eine Hexentreppe mit sechs Zacken falten. Am unteren Ende der Hexentreppe die Mitte der Dekokordel ankleben. Damit diese besser hält, noch ein weißes Papierquadrat (2 cm x 2 cm) aufkleben. Am oberen Ende die zweite Kordel ankleben und das mittig gefaltete Halsteil mit der gepunkteten Fläche so aufkleben, dass das Papierquadrat nach vorne übersteht. Es wird als Hals nach oben geklappt, daran den Kopf mit vier Klebepads befestigen. Auf die Kordelenden als Tatzen jeweils eine Holzperle kleben.

Tipp: Mit den Schildern sind die Bären ideale Botschafter.

LEISE RIESELT DER SCHNEE
LASS' DICH NICHT AUFS GLATTEIS FÜHREN!

Wichtel im Tannenwald

→ liefern sich gleich eine Schneeballschlacht

MOTIVHÖHE
Wichtel ca. 11 cm
Tanne ca. 9 cm

MATERIAL PRO WICHTEL

- 4 Maulbeerbaumpapierstreifen in Rot, je 1 cm breit, 12 cm lang (Arme, 4 Zacken)
- 2 Maulbeerbaumpapiersteifen in Rot, je 2 cm breit, 35 cm lang (Rumpf, 8 Zacken)
- Maulbeerbaumpapierrest in Rot (Mütze)
- Holzperle in Natur, ø 2 cm
- 2 Holzperlen in Natur, ø 1 cm
- Acrylfarbe in Hautfarbe
- Bleistift; Buntstift in Rot (Gesicht)
- Langhaarplüschrest in Weiß (Haare)
- Steckdraht, ø 1 mm, 20 cm lang

PRO TANNE

- Transparentpapierrest in Grün
- Rundholzstäbchen, ø 3 mm, 25 cm lang
- Acrylfarbe in Grün
- Lochzange

VORLAGENBOGEN 2A

Wichtel

1 Die größere Holzperle mit Acrylfarbe bemalen und das Gesicht aufzeichnen. Den Plüschrest als Haare ankleben. Die tütenförmige Mütze nach Vorlage ausschneiden, zusammenkleben und am Kopf befestigen.

2 Aus den beiden breiteren Papierstreifen den Rumpf zu einer Hexentreppe mit acht Zacken falten (siehe Seite 2). Die zusammengefaltete Hexentreppe mit der Vorstechnadel in der Mitte durchstechen und den Steckdraht durchstecken. Den Kopf aufstecken und mit Klebstoff fixieren. Damit der Wichtelrumpf auf dem Steckdraht nicht verrutscht, diesen mit etwas Klebstoff fixieren.

3 Aus jeweils zwei schmaleren Papierstreifen zwei kleine Hexentreppen für die Arme mit je vier Zacken falten. Den letzten Faltabschnitt der Armhexentreppe als Schulter an die Rumpfhexentreppe kleben. Die kleinen Holzperlen als Hände ankleben.

Tanne

1 Das Transparentpapier nach Vorlage zuschneiden, im Zickzack zum Fächer falten und genau in der Mitte mit der Lochzange lochen.

2 Das Holzstäbchen grün anmalen und die gefaltete Tanne aufstecken. Ggf. etwas auseinander ziehen.

Elche

→ plaudern am Nachmittag

MOTIVHÖHE
ca. 12 cm

MATERIAL PRO ELCH

- 2 Tonpapierstreifen in Braun, je 2 cm breit, 35 cm lang (8 Zacken)
- Fotokartonreste in Braun, Hautfarbe und ggf. Grün oder Weiß
- ggf. Lackstift in Rot (Schilderbeschriftung)
- 4 Holzperlen, ø 1 cm
- ggf. 5 Holzperlen in Rot, ø 6 mm
- Acrylfarbe in Weiß (für Augen)
- feiner Filzstift in Schwarz (Gesicht) und ggf. Grün (Blattadern)
- Papierdraht in Braun, ø 2 mm, 10 cm und 12 cm lang
- geglühter Blumendraht, ø 0,65 mm, 15 cm lang
- ggf. geglühter Blumendraht, ø 0,35 mm, 30 cm lang (Beerenkette)
- 4 Klebepads, je 5 mm x 5 mm
- Rundholzstäbchen, ø 3 mm (Augen antupfen)
- ggf. Baumwollfaden in Rot, 20 cm lang

VORLAGENBOGEN 2B

1 Den Kopf, das Geweih und das Halsteil nach Vorlage ausschneiden und die Augen mit dem Holzstäbchen und Acrylfarbe auf das Gesicht tupfen. Mit schwarzem Filzstift die Pupillen und die Nüstern aufmalen. Von hinten das Geweih ankleben.

2 Aus den beiden Tonpapierstreifen eine Hexentreppe mit acht Zacken falten (siehe Seite 2). Das 12 cm lange hintere Beinpaar aus Papierdraht mit einem Papierquadrat (2 cm x 2 cm) unten an die Hexentreppe kleben. Das Halsteil an der gestrichelten Linie falten. Das zweite Beinpaar oben auf die Hexentreppe kleben und mit der gepunkteten Fläche des Halsteils überkleben.

3 Die Hexentreppe in der Mitte von oben nach unten mit der Vorstechnadel lochen und den 15 cm langen Draht durchstecken. An den beiden Drahtenden jeweils eine kleine Öse biegen und rechtwinklig umbiegen. Den restlichen Draht abschneiden. Den Hals nach oben klappen und den Kopf mit vier Klebepads befestigen. Auf die Enden der Beine jeweils eine Holzperle kleben.

4 Für die Beerenkette auf den dünnen Draht im Abstand von ca. 1 cm jeweils eine rote Holzperle und ein nach der Vorlage ausgeschnittenes, mit Blattadern versehenes Kartonblatt auffädeln. Damit Perlen und Blätter nicht verrutschen, beide Drahtenden jeweils nach dem Durchziehen durch ein Blatt einmal miteinander verdrehen. Die Drahtenden der fertigen Kette um die Vorderbeine schlingen.

5 Nach Belieben Herz oder Baum aus weißem Fotokarton schneiden, mit Lackstift beschriften und dem Elch an einem Faden um den Hals hängen oder an die Hufe kleben.

I LOVE ELKS
MERRY X-MAS

Schnee-Engel und Schnee-Kristalle

→ eisige Gesellschaft

MOTIVHÖHE
Schnee-Engel ca. 11 cm
Schnee-Kristall ca. 14 cm

MATERIAL SCHNEE-ENGEL

- Schreibmaschinenpapierrest in Weiß
- Fotokartonreste in Weiß (Flügel) und Hautfarbe (Hände)
- Silberdraht, ø 0,35 mm, 50 cm lang
- Holzperle in Natur, ø 2 cm
- Acrylfarbe in Hautfarbe
- Bleistift; Buntstift in Rot (Gesicht)
- Langhaarplüsch in Weiß, 1 cm breit, 6 cm lang

PRO SCHNEE-KRISTALL

- 2 Tonpapierstreifen in Weiß, je 30 cm lang, 2 cm breit (7 Zacken)
- Fotokartonrest in Weiß (Schneekristall)
- Holzperle in Natur, ø 2 cm
- Acrylfarbe in Hautfarbe
- Bleistift; Buntstift in Rot (Gesicht)
- 2 kleine Flauschfedern in Weiß
- Baumwollkordel in Weiß, ø 1 mm, 50 cm lang

VORLAGENBOGEN 2B

Schnee-Engel

1 Auf die hautfarben bemalte Holzperle das Gesicht aufmalen. Als Haare den Plüschstreifen so um den Kopf kleben, dass die Haare nach vorne stehen. Die Haare ggf. etwas kürzen.

2 Das Kleid und die Ärmel nach der Vorlage aus dem Schreibmaschinenpapier ausschneiden und das Kleid 19-mal, die Ärmel siebenmal fächerförmig falten.

3 Den Kleiderfächer an den markierten Stellen mit der Vorstechnadel durchstechen und den Silberdraht zur Hälfte durchziehen. Den Ärmelfächer in der Mitte zweimal durchstechen und die beiden Drahtenden durchziehen (siehe auch Vorlagenbogen für den Engel mit Silberhaaren von Seite 11). Die Ärmel nach unten klappen.

4 Die Kragenflocke und den Kopf auf die Drahtenden auffädeln. Die Hände und Flügel ankleben.

WEITERFÜHRUNG

Schnee-Engel und Schnee-Kristalle

Schnee-Kristalle

1 Aus den beiden Papierstreifen eine Hexentreppe mit sieben Zacken falten (siehe Seite 2). Den letzten Faltabschnitt vor dem Ankleben in der Mitte zweimal durchstechen (Abstand ca. 5 mm) und die Baumwollkordel durchziehen.

2 Den Kopf hautfarben bemalen und das Gesicht aufzeichnen. Den Kopf und den Schneekristall auf die Kordel auffädeln und ankleben.

3 Am Hexentreppenrumpf an den beiden oberen gegenüberliegenden Ecken jeweils eine Flauschfeder einkleben.

DIESES BUCH ENTHÄLT 2 VORLAGENBOGEN

IMPRESSUM

FOTOS: frechverlag GmbH, 70499 Stuttgart; Fotostudio Ullrich & Co., Renningen
DRUCK: frechdruck GmbH, 70499 Stuttgart

Auflage: 5. 4. 3. 2. 1.
Jahr: 2009 2008 2007 2006 2005 [Letzte Zahlen maßgebend]

ISBN 3-7724-3414-2
Best.-Nr. 3414